孔子学院总部/国家汉办
Confucius Institute Headquarters(Hanban)

好朋友 Friends 汉语分级读物 Chinese Graded Readers

I Want to Be a Lawyer

我想做律师

孔子学院总部 / 国家汉办 编

北京语言大学出版社
BEIJING LANGUAGE AND CULTURE UNIVERSITY PRESS

图书在版编目（CIP）数据

我想做律师 / 孔子学院总部 / 国家汉办编 . -- 北京：北京语言大学出版社，2014.12 （2024. 2 重印）

（好朋友：汉语分级读物 . 三级）

ISBN 978-7-5619-4052-5

Ⅰ . ①我… Ⅱ . ①孔… Ⅲ . ①汉语—对外汉语教学—语言读物 Ⅳ . ① H195.5

中国版本图书馆 CIP 数据核字（2014）第 280501 号

书　　名：我想做律师
WO XIANG ZUO LÜSHI

责任印制：周　燚　　练习编写：倪佳倩

英文翻译：孙齐圣　　插图绘制：孙　屹

出版发行：北京语言大学出版社

社　　址：北京市海淀区学院路 15 号　**邮政编码**：100083

网　　址：www.blcup.com

电　　话：发行部　82303650 / 3591 / 3651

编辑部　82301016

读者服务部　82303653

网上订购电话　82303908

客户服务信箱　service@blcup.com

印　　刷：北京市金木堂数码科技有限公司

经　　销：全国新华书店

版　　次：2014 年 12 月第 1 版　2024 年 2 月第 5 次印刷

开　　本：889 毫米 × 1194 毫米　1/32　**印张**：1.75

字　　数：29 千字

书　　号：ISBN 978-7-5619-4052-5 / H · 14328

03500

致读者

亲爱的朋友：

你好！

“好朋友——汉语分级读物”是我们为广大汉语学习者奉上的一份礼物，在这里，你可以用汉语读到自己熟悉的文化，你可以根据自己的汉语水平选择难度级别合适的读物，你还可以随时随地听读这些故事，汉语学习在这里变得亲切、简单、有效。

多元文化：这套读物的原始素材主要来自国家汉办举办的首届“孔子学院杯”国际汉语教学写作大赛的获奖作品，我们挑选了来自 40 个国家的作品，当你读到自己熟悉的文化，是不是觉得更加亲切呢？除此之外，你还可以用汉语了解其他 39 个国家的见闻，这是多么有意思的事情啊！

分级阅读：这套读物共 6 个级别，语言难度和词汇量分别对应新汉语水平考试（新 HSK）1-6 级。你可以根据自己的汉语水平选择难度级别合适的读物。

随时听读：这套读物配有可供免费下载的音频文件，让你有效利用碎片时间，随时随地听读有趣的故事，让阅读的乐趣无处不在。

感谢孔子学院总部暨国家汉办的大力支持和帮助，使得这套读物顺利出版。

编者

To Our Readers

Dear friends,

Friends—Chinese Graded Readers is a gift for Chinese learners, where you can read familiar culture in Chinese, choose the appropriate reading materials of different levels according to your language proficiency, and listen to and read these stories anytime and anywhere. In these books, learning Chinese becomes habitual, simple, and effective.

Multicultural: The raw materials of these readers mainly come from the award-winning works in the First "Confucius Institute Cup" International Chinese Language Teaching and Writing Contest held by Hanban. Works from 40 countries are included in these books. Won't you have a more cordial feeling when reading about the culture you are familiar with? In addition, you can read about the experiences in 39 other countries in Chinese, which will also be a fun learning experience.

Graded Reading: The series of readers consists of six levels with their grammar and vocabulary corresponding to Levels 1-6 in the New HSK Syllabus. You can choose books of a certain degree of difficulty according to your own level of Chinese proficiency.

Listen and Read Anytime: Each reader is supported by online audio files for free downloading, enabling readers to make use of fragments of time to listen to and read interesting stories, thus making the fun of reading everywhere.

We hereby would like to extend our gratitude to the Confucius Institute Headquarters (Hanban) for the great support and help we are given to successfully publish this series of readers.

The Compilers

语法术语缩略形式表
Abbreviations for Grammatical Terms

英文缩写 Abbreviations	英文全称 Grammatical Terms in English	中文名称 Grammatical Terms in Chinese
n.	noun	名词
p.n.	proper noun	专有名词
v.	verb	动词
adj.	adjective	形容词
num.	numeral	数词
m.	measure word	量词
pron.	pronoun	代词
adv.	adverb	副词
prep.	preposition	介词
conj.	conjunction	连词
part.	particle	助词
int.	interjection	叹词
ono.	onomatopoeic word	拟声词

目录

第一次出远门 2
The First Time to Go Far Away

我的爱好 7
My Hobbies

我的男朋友 12
My Boyfriend

最难忘的生日 17
The Most Unforgettable Birthday

我想做律师 21
I Want to Be a Lawyer

我爱我家 25
I Love My Family

小非洲，大梦想 31
Small Africa, Big Dream

我的爷爷 36
My Grandfather

我家的饭店 41
The Restaurant of My Family

我是澳大利亚人 46
I Am an Australian

第一次出远门[1]

The First Time to Go Far Away

伊拉　乌克兰卢甘斯克国立大学孔子学院

刚到美国的时候，“我”为什么总是哭？
Why did “I” always cry when I first arrived in America?

01

去年我去美国[2]的夏令营[3]工作，才过了一个月，就很想家了。因为想家，所以我

1. 出远门 chū yuǎnmén to go far away

2. 美国 Měiguó p.n. the United States

3. 夏令营 xiàlìngyíng n. summer camp

很难过，总是哭，夏令营里的孩子们经常问我："你怎么哭了？生病了吗？"我回答："我想家了，我想爸爸、妈妈，也想我的男朋友[4]。"

一个月后，我认识了一个美国女孩，她请我去她家一起住。他们一家人对我都很热情，我也很喜欢他们。在这

4. 男朋友 nánpéngyou n. boyfriend

里，我能练习英语[5]，我们还一起去旅游。

一天，我爸爸、妈妈来电话，问我还想不想家，还哭不哭了。我说我不哭了，我告诉他们，我有了一个美国的家。

我很喜欢第一次出远门的经历[6]。

5. 英语 Yīngyǔ p.n. English (language)

6. 经历 jīnglì n. experience

练习 Exercises

一 选出正确答案。Choose the right answer.

A. 认识 B. 热情 C. 难过 D. 旅游 E. 练习

1. 因为想家，“我”很（　　）。
2. “我”（　　）了一个美国女孩。
3. 他们一家人对“我”都很（　　）。
4. 在这里，“我”能（　　）英语。
5. 我们还一起去（　　）。

二 判断对错。True or false?

1. “我”以前没有去过美国。（　　）
2. “我”在美国生病了。（　　）
3. 那个美国女孩对“我”很好。（　　）
4. “我”的家在美国。（　　）
5. “我”很喜欢这次夏令营的经历。（　　）

三 说说你第一次出远门。

Talk about the first time you went far away.

1. 你第一次出远门的时候多大？
   How old were you when you first went far away?
2. 你去了哪里？
   Where did you go?
3. 你和谁一起去的？
   Who did you go with?
4. 你去那里做什么？
   What did you do there?

我的爱好

My Hobbies

奥拉　乌克兰卢甘斯克国立大学孔子学院

"我"家有多少书？
How many books are there in "my" home?

02

我有很多爱好，但是工作很忙，总是没有时间。

我很喜欢看小说[1]、看电影。我学过英语[2]，所以可以看英语书和英语电影。会英语很方便，因为有时候小说和电影翻译[3]得不是很好。我最喜欢的电影是《泰坦尼克号》[4]。我每月都会买一两本书，我的家里有一百多本

1. 小说 xiǎoshuō　n. novel

2. 英语 Yīngyǔ　p.n. English (language)

3. 翻译 fānyì　v. to translate

4.《泰坦尼克号》《Tàitǎnníkè Hào》p.n. *Titanic*

书，虽然不多，但是都是我喜欢的。晚上睡觉前，我躺[5]在床上看一会儿书，心情[6]特别好。

我还喜欢画画，我喜欢画动物，小狗、小猫、小鸟等等。很多人喜欢画花，但我不喜欢画花，因为花开的时间短，很快就不好看了。学画

5. 躺 tǎng v. to lie down

6. 心情 xīnqíng n. mood

画很不容易，我学了很长时间，但是还需要多练习。你们如果看到我的画，一定会很喜欢的。

汉语和画画一样，也需要多练习，多读、多说、多写，这样才能学好汉语。我很喜欢学习汉语，每次上课我都第一个到教室。我会努力学习汉语的！

练习 Exercises

一 选出正确答案。Choose the right answer.

A. 方便　B. 虽然　C. 总是　D. 短　E. 练习

1. “我”工作很忙，（　　）没时间。
2. 会英语很（　　）。
3. 书（　　）不多，但“我”都很喜欢。
4. 花开的时间很（　　），很快就不好看了。
5. 学画画要多（　　）。

二 判断对错。True or false?

1. “我”工作不忙。（　　）
2. “我”的爱好很多。（　　）
3. “我”每星期都买一两本书。（　　）
4. “我”喜欢画动物。（　　）
5. 每次上课“我”都去得很早。（　　）

三 说说你的爱好。Talk about your hobbies.

1. 你的爱好多吗？
   Do you have many hobbies?
2. 你都有哪些爱好？
   What are they?
3. 你什么时候做这些事情？
   When do you do these things?
4. 你为什么喜欢做这些？
   Why do you like to do these things?

我的男朋友[1]

My Boyfriend

全昭熙　韩国外国语大学孔子学院

"我"的男朋友喜欢吃什么？
What does "my" boyfriend like eating?

03

我的男朋友今年二十一岁，是大学[2]一年级的学生。我们已经交往[3]好几年了，他是我的高中[4]同学，也是我的大学同学。他有一个哥哥和一个弟弟。他很喜欢听歌、喝啤酒，还喜欢看电影。

我们都在学习汉语。汉语非常难，但是我们一起学就

1. 男朋友 nánpéngyou n. boyfriend

2. 大学 dàxué n. university

3. 交往 jiāowǎng v. to date, to go out with

4. 高中 gāozhōng n. senior high school

很有意思了，而且学得很努力、很认真。我们班还一起学习中国歌，在很多同学面前[5]唱歌很好玩。有一天，我们学了“累”这个词[6]，他就经常说“我很累”，他很喜欢这句话。

我家离他家很近，不上课的时候我们也常见面。见面

5. 面前 miànqián n. in front of

6. 词 cí n. word

的时候我们经常吃好吃的，所以我们都胖了，我有一点儿难过。下课以后我们经常一起去超市买菜，他很喜欢做菜。他特别喜欢吃辣[7]的，所以菜里经常有辣椒[8]，很好吃，我也很喜欢。

这就是我的男朋友。

7. 辣 là adj. spicy

8. 辣椒 làjiāo n. pepper

练习 Exercises

一 选出正确答案。 Choose the right answer.

A. 帽子　B. 蛋糕　C. 包　D. 树　E. 瓶子　F. 苹果

例

(F)

1

(　　)

2
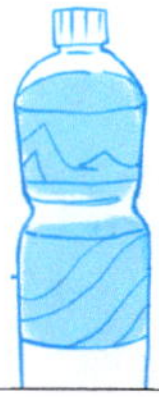
(　　)

3

(　　)

4

(　　)

5
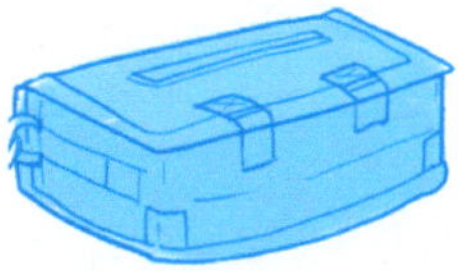
(　　)

二 判断对错。True or false?

1. “我”男朋友有一个哥哥和一个妹妹。 (   )

2. “我”和男朋友是同学。 (   )

3. 我们不经常见面。 (   )

4. “我”男朋友很喜欢做菜。 (   )

5. 我们经常一起吃东西。 (   )

三 介绍你的一位朋友。Introduce one of your friends.

1. 你的朋友叫什么？
   What is the name of your friend?

2. 他 / 她是做什么的？
   What does he/she do?

3. 他 / 她有什么爱好？
   What is his/her hobby?

4. 你们是怎么认识的？
   How did you get acquainted with each other?

最难忘[1]的生日

The Most Unforgettable Birthday

Nicholas R. Smith　美国长老会学院孔子学院

"我"生日那天天气怎么样？
What is the weather like on "my" birthday?

04

那天是我十八岁生日，爸爸、妈妈、姐姐和我很早就起床了，但是我不知道我们要做什么。我们开车开了两个小时到了一个很小的机场，一看到机场，我马上知道要做什么了——特技跳伞[2]！我太激动[3]了！因为我一直想试试特技跳伞！

1. 难忘 nánwàng v. unforgettable

2. 特技跳伞 tèjì tiàosǎn skydiving

3. 激动 jīdòng adj. excited

那天天气很好，是一个暖洋洋[4]的初夏[5]。爸爸和我准备了一会儿，就上飞机了。我们的飞机飞到三千米高的时候，很冷，还刮着风。我又紧张[6]又激动。当我降落[7]到地上的时候，我特别高兴！

那是我最难忘的生日。

4. 暖洋洋 nuǎnyángyáng adj. warm

5. 初夏 chūxià n. early summer

6. 紧张 jǐnzhāng adj. nervous

7. 降落 jiàngluò v. to land

练习 Exercises

一 选出正确答案。Choose the right answer.

A. 服务员 B. 起床 C. 洗菜 D. 西瓜 E. 香蕉 F. 苹果

例

(F)

1

(　　)

2

(　　)

3

(　　)

4

(　　)

5

(　　)

二 判断对错。True or false?

1. “我”十八岁了。 (　　)
2. 我们开车去了一个很大的飞机场。 (　　)
3. 那天的天气很好。 (　　)
4. 姐姐和“我”一起上了飞机。 (　　)
5. 那天“我”特别高兴。 (　　)

三 说说你最难忘的一件事。

Talk about one of the most unforgettable things you have exprienced.

1. 这件事是什么时候发生的？
   When did it happen?
2. 这件事是在哪里发生的？
   Where did it happen?
3. 有哪些人？
   Who were there?
4. 事情的经过是怎样的？
   What is the whole story?

我想做律师[1]

I Want to Be a Lawyer

Natalie Tan　英国伦敦商务孔子学院

"我"现在在做什么？
What do "I" do now?

05

我家有五口人：爸爸、妈妈、哥哥、妹妹和我。爸爸五十岁，妈妈四十八岁，哥哥二十二岁，妹妹十七岁，我二十岁。虽然我们住在马来西亚[2]，说英语[3]和马来语[4]，但是我们都是中国人。爸爸是商人[5]，妈妈是老师，

1. 律师 lǜshī n. lawyer
2. 马来西亚 Mǎláixīyà p.n. Malaysia
3. 英语 Yīngyǔ p.n. English (language)
4. 马来语 Mǎláiyǔ p.n. Malay (language)
5. 商人 shāngrén n. businessman

哥哥是医生，妹妹是学生，我想做律师。

我现在在大学[6]学习法律[7]，学法律非常难，要读很多书。我喜欢运动，比如[8]打篮球、踢足球、爬山。我喜欢动物，我家有十一只狗，还有很多鱼。我还喜欢吃中国菜。

6. 大学 dàxué n. university

7. 法律 fǎlǜ n. law

8. 比如 bǐrú v. for example

练习 Exercises

一 选出正确答案。Choose the right answer.

A. 爬山　B. 做　C. 口　D. 虽然　E. 现在

1. “我”家有五（　　）人。
2. （　　）我们住在马来西亚，但是我们是中国人。
3. “我”想（　　）律师。
4. “我”（　　）在大学学习法律。
5. “我”喜欢运动，比如打篮球、踢足球、（　　）。

二 判断对错。True or false?

1. 我们住在马来西亚。（　　）
2. “我”家有十只狗和很多鱼。（　　）
3. “我”哥哥是律师。（　　）
4. “我”喜欢运动。（　　）
5. “我”喜欢吃中国菜。（　　）

三 说说你的梦想。Talk about your dream.

1. 你现在是做什么的？
   What do you do now?
2. 你有什么梦想？
   What is your dream?
3. 你为什么会有这样的梦想？
   Why do you have this dream?
4. 你为实现梦想做了什么？
   What have you done to realize it?

我爱我家

I Love My Family

Lidia Fernandes de Mello
巴西南大河州联邦大学孔子学院

今年十月我们打算去哪里?
Where do "we" plan to go this October?

06

我今年四十二岁，是会计师[1]，已经工作二十年了。我正在学习中医[2]和汉语，因为我打算去中国。我喜欢走路，每星期锻炼三次。我丈夫今年五十二岁，是公司经理，他想退休[3]后学习做菜。他也喜欢锻炼，每星期游三次泳。

我们有三个孩子。男孩

1. 会计师 kuàijìshī n. accountant

2. 中医 zhōngyī n. Chinese medicine

3. 退休 tuìxiū v. to retire

十岁，喜欢踢足球。还有两个女孩，大女儿喜欢穿花裙子，二女儿喜欢骑自行车。他们上午上学，每个周末学英语[4]。

我妈妈去世[5]了，我爸爸住得离我们很远。他以前是律师[6]，现在退休了，正在写书。

我有六个兄弟[7]姐妹，都住得很远，我们每年一起旅游

4. 英语 Yīngyǔ p.n. English (language)

5. 去世 qùshì v. to die, to pass away

6. 律师 lùshī n. lawyer

7. 兄弟 xiōngdì n. brother

三次。我们想今年十月去中国，因为听朋友说，那个时候中国的天气最好。

我很珍惜[8]和家人[9]在一起的那些快乐时光[10]，我爱我家。

8. 珍惜 zhēnxī v.
to cherish

9. 家人 jiārén n.
family

10. 时光 shíguāng n.
time

练习 Exercises

一 选出正确答案。Choose the right answer.

A
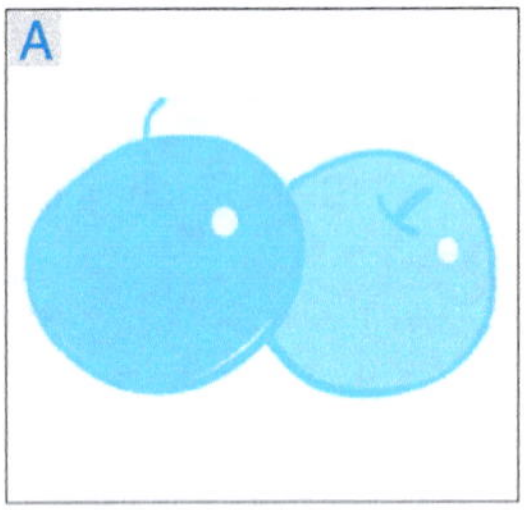

B

C

D

E

F

例：我喜欢吃苹果。 （ A ）

1. “我”儿子喜欢踢足球。 （　　）

2. 大女儿喜欢穿裙子。 （　　）

3. 二女儿喜欢骑自行车。 （　　）

4. “我”喜欢走路锻炼身体。 （　　）

5. “我”的丈夫喜欢游泳。 （　　）

二 判断对错。True or false?

1. “我”丈夫是会计师，“我”是老师。 （　　）

2. “我”丈夫喜欢做菜。 （　　）

3. “我”的孩子们都在上学。 （　　）

4. “我”的爸爸正在写书。 （　　）

5. 我们一家人每年一起旅游六次。 （　　）

三 说说你的一次旅游经历。

Talk about one of your travels.

1. 你经常旅游吗?
   Do you travel often?
2. 你最难忘的旅游是哪一次?
   Which trip is the most unforgettable for you?
3. 那一次你去了哪里?
   Where did you go that time?
4. 旅游时发生了什么难忘的事?
   What unforgettable thing(s) happened during the trip?

小非洲[1]，大梦想[2]

Small Africa, Big Dream

包亚南　喀麦隆雅温得第二大学孔子学院

"我"的梦想是什么？
What is "my" dream?

07

我是非洲人，我的家在喀麦隆[3]。现在喀麦隆有一个孔子学院[4]，只有二十多个汉语老师。在我的国家，学习汉语的学生很多，但是汉语老师太少了，所以我的梦想是做一个优秀[5]的汉语老师。

1. 非洲 Fēizhōu p.n. Africa
2. 梦想 mèngxiǎng n. dream
3. 喀麦隆 Kāmàilóng p.n. Cameroon
4. 孔子学院 Kǒngzǐ Xuéyuàn p.n. Confucius Institute
5. 优秀 yōuxiù adj. excellent

我认为一个优秀的汉语教师，第一，发音[6]要清楚；第二，要有丰富[7]的汉语知识；第三，还要了解一些中国文化。

为了实现[8]这个梦想，我一直在努力地学习汉语。我每天都听汉语，纠正[9]自己的发音。我不但上课认真学习，下课了还经常和中国老师聊天。

6. 发音 fāyīn v./n. to pronounce; pronunciation

7. 丰富 fēngfù adj. a fund of

8. 实现 shíxiàn v. to realize

9. 纠正 jiūzhèng v. to correct

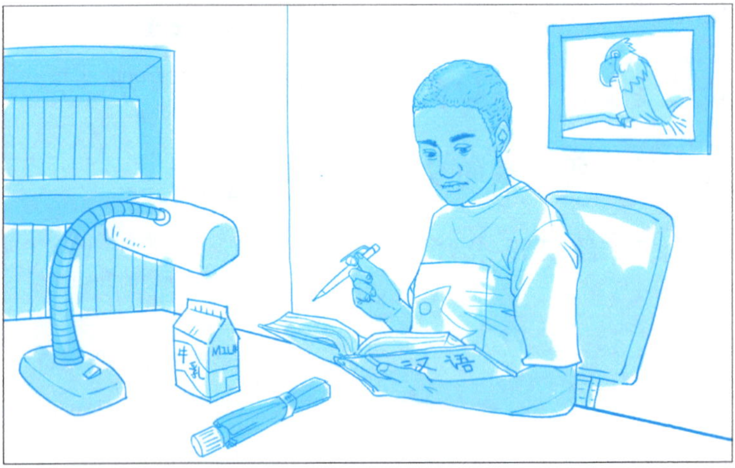

我经常去图书馆借关于中国文化的书看，遇到不懂的就问我的老师。汉字虽然很难写，但我还是被它吸引[10]了，每天都练习写字。

在非洲的小小的我，有一个大大的梦想——成为一个优秀的喀麦隆汉语老师。

10. 吸引 xīyǐn v. to attract

练习 Exercises

一 判断对错。True or false?

例

苹果（ T ）

1
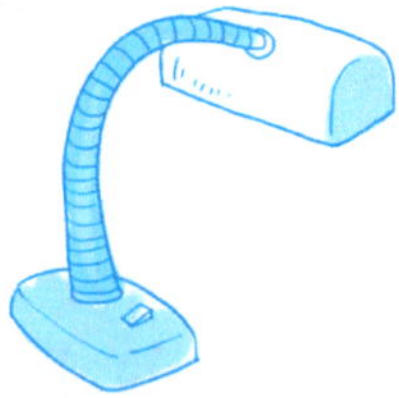

灯（　　）

2

碗（　　）

3

瓶子（　　）

4

电视（　　）

5
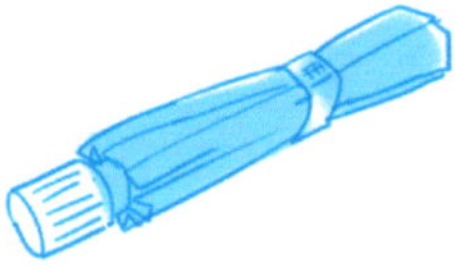

雨伞（　　）

二 判断对错。True or false?

1. 喀麦隆学习汉语的人不多。 (　　)
2. 喀麦隆汉语老师很少。 (　　)
3. “我”每天都听汉语。 (　　)
4. “我”经常去图书馆看书。 (　　)
5. “我”不喜欢写汉字。 (　　)

三 介绍一下你的汉语老师。Introduce your Chinese teacher.

1. 你的汉语老师是谁？
   Who is your Chinese teacher?
2. 他 / 她教了你多长时间的汉语？
   How long has he/she been teaching you?
3. 他 / 她长什么样？
   What does he/she look like?
4. 他 / 她有什么爱好？
   What is his/her hobby?

我的爷爷

My Grandfather

侯晨晨　泰国宋卡王子大学普吉孔子学院

放学后"我"的爷爷总是对"我"说什么？
What does "my" grandfather always say to "me" after school?

08

我是泰国人[1]，但是我的爷爷是中国人，他是从中国来到泰国的。爷爷很胖，也很高。我们一直住在一起，所以我知道很多中国的事情。

爷爷工作很忙，也很辛苦[2]，但他每天都很开心[3]。他喜欢做菜，做得很好吃。我每天都吃爷爷做的饭菜。吃完饭

1. 泰国人 tàiguórén n. Thai (people)
   泰国 Tàiguó p.n. Thailand

2. 辛苦 xīnkǔ adj. laborious

3. 开心 kāixīn adj. happy

后，爷爷喜欢一边唱歌一边洗碗，我就在旁边看着他洗，听着他唱。

小时候，每天早上他都骑摩托车[4]送我去学校，再给我一些零花钱[5]。下午，我放学[6]回家，他总是对我说："今天老师教了什么？你累吗？先

4. 摩托车 mótuōchē n. motorcycle

5. 零花钱 línghuāqián n. pocket money

6. 放学 fàngxué v. school is over

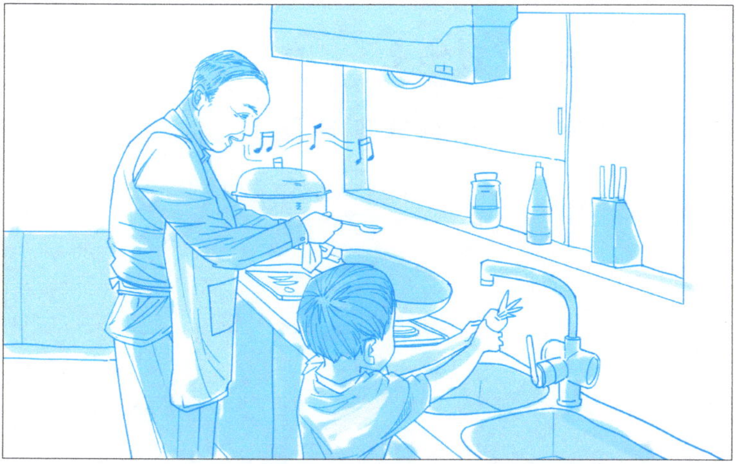

喝口水吧。”我总是笑着跟爷爷说：“不累。”然后，爷爷看着我做作业。晚上，他还给我讲中国的故事……

爷爷最喜欢看中国电影，也经常去寺庙[7]拜佛[8]。他告诉我们一定要做好人[9]。

爷爷是一个很好的人，虽然他已经去世[10]四年了，但我一点儿也没觉得他走了，我很想念[11]他，很想告诉爷爷我爱他！

7. 寺庙 sìmiào n. temple

8. 拜佛 bàifó v. to worship the Buddha

9. 好人 hǎorén n. good person

10. 去世 qùshì v. to die, to pass away

11. 想念 xiǎngniàn v. to miss, to cherish the memory of

练习 Exercises

一 选出正确答案。Choose the right answer.

A. 唱歌　B. 船　C. 看病　D. 包　E. 聊天　F. 苹果

例

(F)

1

(　)

2

(　)

3

(　)

4

(　)

5

(　)

二 判断对错。True or false?

1. “我”和爷爷一直住在一起。 (　　)
2. 爷爷每天骑摩托车送“我”去学校。 (　　)
3. 爷爷每天都给“我”钱。 (　　)
4. 爷爷最喜欢看中国书。 (　　)
5. “我”很想念爷爷。 (　　)

三 说说你的晚间时光。Talk about your evening time.

1. 你几点放学/下班？
   What time does your school finish? / When do you come off duty?
2. 放学/下班后你一般去哪儿？
   Where do you often go when school is over / when you come off duty?
3. 你一般几点吃饭？你做饭吗？为什么？
   When do you usually have your supper? Do you cook? Why or why not?
4. 你吃完饭一般做什么？
   What do you usually do after supper?

我家的饭店

The Restaurant of My Family

杨明双　泰国宋卡王子大学普吉孔子学院

我们饭店有什么菜？
What dishes does "our" restaurant offer?

09

我的家在泰国[1]宋卡[2]，那里有很多漂亮的地方，最漂亮的就是斯米兰岛[3]。这里的海滩[4]很美，有老鼠[5]和猫的雕像[6]，也有很多漂亮的饭店。很多中国人来这里旅游。

我家在这儿有一个饭店，我有时间就去饭店帮忙。我们的饭店有泰国菜，也有中国菜。泰国人很喜欢吃

1. 泰国 Tàiguó p.n. Thailand
2. 宋卡 Sòngkǎ p.n. Songkhla
3. 斯米兰岛 Sīmǐlán Dǎo p.n. Similan Islands
4. 海滩 hǎitān n. beach
5. 老鼠 lǎoshǔ n. mouse
6. 雕像 diāoxiàng n. statue

辣[7]的，所以泰国菜很辣。有很多中国人来我们饭店吃饭，他们有的喜欢吃辣的，有的不喜欢吃辣的。如果中国客人喜欢辣的，他们就会喜欢喝冬荫功汤[8]，这个汤很辣也很酸[9]。如果他们不喜欢吃辣的，他们就会吃中国菜。我们饭店还有很多海鲜[10]，有鱼、虾[11]、蟹[12]……因为这些海鲜很新鲜，所以很好吃，也很好卖。

每天都有很多中国客人来吃饭，但是我的爸爸、妈妈不会说汉语，中国客人也不会说泰语[13]。所以我现在在

7. 辣 là adj. spicy

8. 冬荫功汤 dōngyīngōngtāng n. tom yam kung, hot and sour soup with shrimp

9. 酸 suān adj. acid, sour

10. 海鲜 hǎixiān n. seafood

11. 虾 xiā n. shrimp

12. 蟹 xiè n. crab

13. 泰语 Tàiyǔ p.n. Thai (language)

大学[14]学汉语，我想学好汉语，可以跟客人说汉语，给他们介绍泰国菜，让他们吃到自己喜欢的菜。

14. 大学 dàxué n. university

练习 Exercises

一 选出正确答案。Choose the right answer.

A. 爬山 B. 穿衣服 C. 瓶子 D. 照相 E. 冰箱 F. 苹果

例

(F)

1

( )

2

( )

3

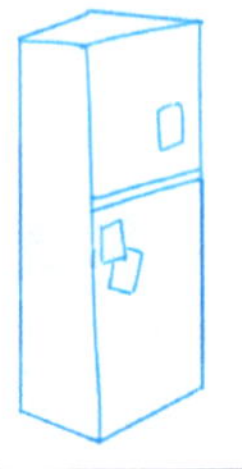

( )

4

( )

5

( )

二 判断对错。True or false?

1. 我们国家有很多漂亮的地方。（　　）

2. 我们饭店只有泰国菜。（　　）

3. 泰国菜很辣。（　　）

4. 中国客人都很喜欢吃辣的。（　　）

5. “我”的爸爸、妈妈会说汉语。（　　）

三 说说你的家乡。Talk about your hometown.

1. 你的家乡在哪儿？
   Where is your hometown?

2. 你的家乡最漂亮的地方在哪儿？
   What is the most beautiful place in your hometown?

3. 你的家乡有什么有名的菜？
   What food is your hometown famous for?

4. 它是用什么做的？是什么味道的？
   What is it made of ? What does it taste like?

我是澳大利亚人[1]

I Am an Australian

John Ah-Cann　澳大利亚墨尔本大学孔子学院

"我"的孩子会说中文吗?
Are "my" children able to speak Chinese?

10

我是澳大利亚人，但是我的父母[2]是从中国来的。

在我爸爸五岁的时候，他的爷爷带他来到了澳大利亚。我爸爸在澳大利亚上学，十七岁的时候，回到中国和我的妈妈结了婚。我的大姐[3]在中国出生[4]，然后爸爸一个人回到澳大利亚工作。

1. 澳大利亚人 àodàlìyàrén n. Australian
澳大利亚 Àodàlìyà p.n. Australia

2. 父母 fùmǔ n. parents

3. 大姐 dàjiě n. eldest sister

4. 出生 chūshēng v. to be born

后来，我妈妈和大姐也来到了澳大利亚。我的二姐、三姐、两个哥哥和我都是在澳大利亚出生的。我们家一共有六个孩子，我是最小的。

那个时候我们没有太多钱，所以我的父母就很努力地工作，孩子们也很努力，六个孩子中，有五个孩子都上了大学[5]。

我父母去世[6]以前回了两次中国，很开心[7]。

我现在五十五岁了，结婚了，有一个女儿和两个儿子。

刚[8]开始学汉语的时候，

5. 大学 dàxué n. university

6. 去世 qùshì v. to die, to pass away

7. 开心 kāixīn adj. happy

8. 刚 gāng adv. at first, just

我很害怕，因为我觉得我太老了，汉语又很难。但是我的汉语老师很好，他的课非常有意思，还会带我们做游戏。

现在我觉得学汉语很有意思。我的孩子们不会说汉语，但是我要鼓励[9]他们学汉语。我想我会是一个好榜样[10]。

9. 鼓励 gǔlì v. to encourage

10. 榜样 bǎngyàng n. example, model

练习 Exercises

一 选出正确答案。Choose the right answer.

A. 最　B. 从　C. 在　D. 带　E. 会

1. “我”的父母是（　　）中国来的。
2. “我”爸爸（　　）澳大利亚上学。
3. “我”是（　　）小的孩子。
4. 老师会（　　）我们做游戏。
5. “我”想“我”（　　）是个好榜样。

二 判断对错。True or false?

1. “我”的父母从中国来的。（　　）
2. “我”有两个姐姐、两个哥哥。（　　）
3. “我”和哥哥、姐姐都上大学了。（　　）
4. “我”现在五十五岁了。（　　）
5. “我”希望孩子们学汉语。（　　）

三 说说你的大家庭。Talk about your family.

1. 你是哪国人？
   Which country are you from?
2. 你的爷爷、奶奶是哪国人？
   Which country are your grandparents from?
3. 你的爷爷、奶奶是做什么的？
   What do your grandparents do?
4. 你的爷爷、奶奶有几个孩子？他们是做什么的？
   How many children do your grandparents have? What do these children do?